CARILDEANDO...

CARILDEANDO...

Colectivo de autores

Editorial Voces de Hoy

Carildeando...
Segunda edición, 2021

Recopilación y revisión: *Lázara Nancy Díaz García,*
Jesús Álvarez Pedraza y Ernesto R. del Valle
Edición, diseño y diagramación: *Josefina Ezpeleta*
Diseño de cubierta: *Juan José Catalán*

© Sobre la 1.ª edición, Editorial Voces de Hoy, 2018
© Sobre la presente edición, Editorial Voces de Hoy, 2021

ISBN: 979-8480482355

Editorial Voces de Hoy
Miami, Florida, EE. UU.
www. vocesdehoy.net

A Carilda, donde quiera que estés.

*A todos los que han sentido que su corazón
cambió su latir al leer un poema de Carilda.*

Y así me marcho, sonriendo a todos,
luminosa de gracia y desventura,
con el secreto horror hasta los codos;

callándome en el verso y en la prosa,
para que escriban en mi tierra dura:
esta mujer ha muerto de dichosa.

CARILDA OLIVER LABRA
Fragmento de *Busco una enfermedad que no me acabe...*

Para que nazcan más geranios

Aunque todos conocemos el ciclo natural de la vida, no asimilamos el momento en que un ser querido se nos va de entre las manos. Y en este caso, cuando son muchas las manos que se quedan vacías, el dolor es más profundo.

Nos consolamos diciéndonos que nos queda su obra —es cierto—, y que la muerte, como dijera nuestro José Martí, «no es verdad cuando se ha cumplido bien la obra de la vida», cuando se ha dado tanto... Pero nada de eso atenúa la tristeza y el desconcierto ante la realidad de que ella ya no estará allí, esperándonos, en Calzada de Tirry 81.

Tuve la dicha de conocerla, de contar con su amistad, de que leyera, en mi presencia, mis versos a ella dedicados y escuchar de sus labios su opinión que me llenó de gozo y a la vez sentí que cargaba una gran responsabilidad como poeta —que humildemente asumí.

En cuanto me enteré que Carilda había cerrado sus ojos para siempre, el deseo de hacerle un homenaje, sencillo pero sentido, aplacó un poco el dolor de saber que ya no escucharíamos su voz. Por supuesto, ¿qué mejor homenaje a una poeta de su estatura que dedicarle hermosos poemas y escritos? Así surgió la idea de este libro.

Agradezco a todos los que aparecen en estas páginas, pero en especial, a los que colaboraron en hacer realidad esta demostración de respeto y admiración a Carilda: mis amigos-poetas Lázara Nancy Díaz García, Jesús Álvarez Pedraza y Ernesto R. del Valle. También, al diseñador Juan José Catalán, por la cubierta, cuyas flores, en mi opinión, hablan por sí solas de la personalidad de esa divina matancera.

Carilda fue —y es, sigue siendo— «un ciclón violento/ de soledad» por las calles de su Matanzas, una mujer cuya «carne se vuelve alma», a quien el amor enfermó, y esa «enfermedad», maravillosos versos brotaron. Son varios los adjetivos que califican su poesía: erótica (¡por supuesto!), audaz, desenfadada, transgresora, sensual, femenina... y pudieran agregarse aún más para los versos de esta mujer cargada de fantasmas «a las siete» en su pecho, que se acostó con «un hombre y su sombra».

Carilda, somos muchos los que seguimos con tus versos como flores en nuestras almas, y como armas, no de la guerra, sino para que cada día nazcan más geranios.

JOSEFINA EZPELETA
Editorial Voces de Hoy

A Carilda

> *Todo te debo, Matanzas:*
> *[...] ya que te debo la vida*
> *te quiero deber la muerte.*
> CARILDA

Carilda universal, mi poetisa:
Eres hecha de amor como las diosas,
para darte en perfume de las rosas
y en sublimes arpegios de la brisa.

La expresión de ternura en Mona Lisa
se escapa de Leonardo por tus cosas,
y se bañan de luz las mariposas
bajo el astro sin manchas que te irisa.

San Juan y Yumurí se te regalan...
dos viajeros fluviales que resbalan
por la tierra vital de tus empeños;

y en las noches, aliadas de Cupido,
el arco de Versalles encendido,
adorna la bahía de tus sueños.

Carildastral

una mujer escribe este poema [...]
caemos por turno frente a las estrellas
todos tenemos que morir [...].
CARILDA

Naciste con esa grandeza de galaxia
y en tu larga trayectoria iluminaste el cielo.
Te fuiste anidando poco a poco
en las mentes de quienes
leyeron de qué manera amarte.

Aunque te hayas ido
tu estela luminar ha de brillar
igual que las estrellas.

¡Carildastral! El mundo no llora tu ausencia.
Tu luz queda como antorcha
de mil soles encendidos
hasta la eternidad.

[...] recuérdame inocente
y volveremos juntos al poema.
CARILDA

Ha muerto Carilda, digo mal, ha ascendido una mujer excepcional. Reunía junto a su belleza física, la gracia y el don de encantar. Todo en ella fluía de modo natural, hasta sus contradicciones. Estremeció con sus poemas y su propia vida la pacatería de una sociedad patriarcal que la juzgó con la misma fuerza con que se rendía a sus encantos. Nos deja una obra lírica por desentrañar, obra que exige, por su autenticidad, una recepción amorosa menos anecdótica y más vivencial. Su aporte a nuestra cultura es innegable. Como Dulce María, construyó su mito con gracia y espiritualidad, y defendió con fuerza su entrega a la Poesía. Doy gracias a la vida por haber compartido con ella espacios y emociones.

Última danza

¡No te atrevas a todo, no te mueras!
CARILDA

De retorno a las arenas
se han llevado a la Oliver,
y se vuelve a destejer
la angustia sobre la Atenas.
Se hacen nudos en las venas
de las lunas y las danzas
que hicieron las esperanzas.
Es que Carilda se muere
y la tarde ya no quiere
caerse sobre Matanzas.

En tu calzada de luna

[...] Matanzas lenta: yo adoro
los líquenes putrefactos,
tus rayoneros, tus pactos
con crepúsculo de oro; [...].
CARILDA

Carilda, cómo pintar
un canto en la lejanía;
qué nombre le pongo al día
que madrugo junto al mar.

Mi voz se pone a soñar
sobre los hombros del viento,
y soy un árbol violento
que del humo se levanta
cuando el sur de tu garganta
le escribe al amor un cuento.

Carilda, canción de infancia
hecha de sueños y adioses;
de ti bebieron los dioses
el azul de la fragancia.
Quiero acortar la distancia
en el recuerdo que evoca.
Con esta dulzura loca
cuando me ciño a tu talle,
es tu corazón un valle
floreciéndose en mi boca.

Carilda, como ahora llueve
sobre mi verso desnudo
y la noche se hace un nudo
con una tristeza breve,.
tomo del aire una leve
ternura que fluye a solas,
y mece las banderolas
que está besando la lluvia,
mientras el tiempo diluvia
tus ojos sobre las olas.

Carilda, lleno de amores,
el sol cayó en tu bahía

cuando la noche encendía
el silencio de las flores.
Canto azul en los colores
Sobre tu «Matanzas lenta»
que mi soledad violenta
de mendigo con fortuna,
de tu calzada de luna
se abrazó con Cenicienta.

[...] me desordeno, amor, me desordeno.
CARILDA

Discúlpame.
Es que vi a la Luna caer en tu corazón
Y es por eso que hay tanto desorden...

Torsos desnudos

La casa,
la casa enorme con soledades y heliotropos,
CARILDA

He venido a tocar a la puerta de tu casa
en Tirry 81.
La que conservas llena de recuerdos,
amontonando entre plantas los secretos
de cada rincón.
Respiro un ambiente colonial.
y temeroso de perderme por laberintos de hojas.,
te mostraré mis poemas
llenos de torsos desnudos...
¡Jadeos!
y de jóvenes que se disparan como lavas
ardientes en sillas de mimbre.
mientras acarician los oídos con cuentos eróticos.
Estoy ante una mujer descalzo...
¡completamente tenso!
sin desórdenes que puedan avergonzarme
ni maquillaje de ningún tipo.
Sin protocolos ni recomendaciones.
¡Abierto!
Deseoso de emprender un viaje.
¡Al sur!
A donde no he llegado todavía.

Río Yumurí

Y van mis lágrimas, van
como perlas con imán [...].
CARILDA

Río del ropaje blanco
Que un palio lunar festona,
Río que se despulmona
Entre barranco y barranco.
Río que guarda en el banco
Húmedo de sus arenas
Tantas lágrimas ajenas
Parecidas a las mías,
como si todos los días
brotasen las mismas penas.

Al adiós

El cuchillo
tenía la forma de tu alma;
yo quería ser otra, hablar de las estrellas...
(sobraron noche y cama).
CARILDA

Dime una palabra, dame una esperanza, lanza una mirada. Dime qué te pasa, que paso a tu casa, a verte mañana, con lo que haga falta. Dime si me extrañas, coge tu alma y lánzala, a volar sin saña por donde le plazca. Y suelta y bate alas y llega hasta mi estancia, para amarte amada, de rojo vestida y de blanco bañada. Para darme al limbo y bajarte en dama, para mojar todo sin que lluvias caigan. Como un sol en sueños, que ensueños irradia. Para verte en versos gritando parada, como prosa breve, sin faldas.

—¡Para si reclamas convertirte en páginas, para que me leas, mientras tengas ganas!

Para que te respires sin que te distraigan, que luego sonrías, que vengas y vayas. Para que recuerdes las tardes rosadas, cada vez que el tiempo parta y vuelva al alba. Con tu luna en cepo, de Venus cálida, cual concha de juego insaciable y ávida. Como mujer tuya y mía prestada, por amor del sueño, que al futuro habla. Como muerte y sinrazón, sin semblanza, la pluma sin vilo y la vida quebrada. Dime una palabra, bien desordenada. Y ruega a tu línea que someta a cartas, cuando el cielo se abra y caigan.

—¡Y el polvo del suelo, al adiós sea manta!

—Dime qué te pasa, si un hombre te falta, mi hembra soberana.

—Y date una esperanza, como dos que acaban, al adiós del alma...

—¡Encontrándola!

Más clara que sus ojos...

Me quedo en esa huida de las flores,
con ese fin de soledad tocada.
CARILDA

...aparte de mantenerse siempre en su ciudad natal, Carilda Oliver Labra es, además, el máximo ejemplo del artista pleno, aquel que —teniendo razones para hacerlo— nunca destiló rencor ni resentimiento.... Pocos son los escritores cubanos a los que han retirado de circulación por casi veinte años, condenándolos al ostracismo más vergonzoso, manteniéndolos a distancia y apartándolos de todo —como hicieron con la poetisa— que, luego, no hayan removido cielo y tierra clamando lugares para sí y reprobando a diestra y siniestra (con sus motivos, supongo) ...Carilda durante esos años siguió su vida... ¿haciendo qué?... viviéndola... y de la mejor manera, con sentido del humor y sin hacer de nada una tragedia.... Ni siquiera le importó que demoraran tanto en darle el Premio Nacional de Literatura....

...sirva de modelo, ahora que ha dejado de existir físicamente, también como actitud; que, mientras artistas —menores y hasta ínfimos— discuten, pelean y se ponen de prototipo, ella —lúcida, fresca, radiante, incontaminada— ofrece, para quien quiera tomarla, su verdad: la poesía está en la vida....

¡Te recuerdo...!

En esta casa hay flores, y pájaros, y huevos,
y hasta una enciclopedia y dos vestidos nuevos;
y sin embargo, a veces... ¡qué ganas de llorar!
CARILDA

Aún estudiaba literatura en la Universidad de La Habana cuando nos encontramos en aquella casa grande de Tirry 81, en la ancestral ciudad de Matanzas, para casi todos, la «Atenas de Cuba». Allí nos recibió una de las poetisas más grandes e inmaculadas de las letras cubanas.

Estaba allí, rodeada de verdes, helechos por doquier, malangas y flores, compitiendo con la inmensidad de aquellos ojos verdes, que irradiaban símiles y metáforas a diestra y siniestra, decorando una poesía que viajaba desde *la punta de sus senos*, hasta *la patria, el sur de su garganta*, y a *la bandera*.

CARILDA era ella, lanzada, valiente, insomne, irreverente, auténtica y libre.

En una conversación breve, nos enseñó cómo adorar el PARNASO CUBANO, cómo descubrir, desenredar entre poesía y poesía la belleza del ser humano que ama, que sufre, que sueña y que vive.

Nos dejó, se marchó físicamente y entre sus libros dejó un as sobre cada página escrita, el triunfo de alguien que amó y, que detrás de cada verso, hará vivir su historia cada vez que la leamos y la disfrutemos.

¡Vives!, quedas entre ese amasijo de vida que solo quien amó, puede enseñarnos a vivir siempre.

Soneto a Carilda Oliver Labra

Su eternidad duró tanto
que el polvo devino estrella; [...].
CARILDA

Siento tu verso cuando apenas miro
el verde coquetear de tu estatura
la página que vuela la que admiro
hecha de fuego alerta en su locura.

Carilda de los años tan cercanos
pareces retornar día tras día
con el frecuente trazo entre tus manos
y el resplandor de tu genial porfía.

Presumida dichosa irrepetible
cubana magistral impredecible
valiente y digna en tu total presencia

conviertes tu leyenda en realidad
y con el sol preñado de conciencia
desordenas de luz la eternidad.

Perennidad

> *Esta memoria*
> *que se cierne como los gorriones [...].*
> Carilda

Algo siempre muere pese a la perennidad de las palabras: en la mesa de la incertidumbre nos acostumbramos a lo efímero, a ese vocabulario dotado de lejanías. *(Gotea el zoológico su espectáculo degollado; nada nos impide hacer de la ceniza una lágrima.)*

Desde el pez fósil de la retina, resbala el vestigio de las aguas. La herida, volátil, es un reguero de memoria derruida en el viento.

Siempre brillar, siempre quedar...

¡Salid de la memoria evocadora
con vuestro amor, pues tengo frío ahora!
Sabed todos que os llevo de la mano.
CARILDA

Carilda, queda entre los poetas
tu presencia espiritual
nunca te vamos a olvidar.

Hoy tu pueblo te va a homenajear
cubriendo tu tumba
con toda la tierra
de La Perla del Mar
cumpliendo tus deseos
como pudisteis en tus versos expresar.

Tu presencia fue un destellar
de luces infinitas
para a todos alumbrar.
Al universo pudisteis llegar
con tus creaciones poéticas
dignas de admirar.

Hoy estás en el mundo celestial
convertida en una estrella
para desde el infinito siempre brillar.

Matanzas, tu ciudad natal
acoge en su seno lo corporal
pero tu espíritu inalcanzable
llegará por el viento y por el mar
para en todas las generaciones
siempre quedar
como la magistral poetisa universal
que siempre un mensaje
y enseñanza nos va a dar.

Te propongo ser Carilda

Yo me pregunto hoy cómo aplacar el cisne, [...].
CARILDA

Galopan mis deseos en pos de tu espalda
mis besos vuelan al nido de tus labios
la Eva que habita en mí quiere morar en tu paraíso.

Quiero que navegues en el verde mar de mis ojos
recorras con tus dedos el espeso bosque de mi pubis
sacia tu sed en la miel de mi vida.
Ilumíname la noche con tu sonrisa.

Amémonos.
Seamos una sola vida
suspendida en el universo.
Dejemos que nuestras almas se tomen de la mano, y se
/miren a los ojos.

Carilda sube a la escena

No me quieras llevar a tu desvelo,
porque casi no miro para el cielo [...].
CARILDA

No quiere subir al cielo,
nunca se irá de la escena.
Llora el verso. Otra pena
se le ha prendido del pelo.
En el azul, un desvelo
de miércoles con su prisa
le detiene la sonrisa.
Sin embargo, va la musa
con Matanzas en la blusa
desordenando la brisa.

Minuto breve

Como espejo que siempre me mirara,
como una estrella diluida y clara, [...].
CARILDA

Dentro de los sueños llueve
Carilda se desordena,
llora un pez sobre la arena
con el repicar de nieve
que arranca un suspiro breve

al reloj que desentona
al tiempo que se arrincona
con amarras y cerrojos
en aquellos labios rojos
que caminan los espejos
con los acordes más viejos
que se rompen en sus ojos.

Que se rompen en sus ojos
los versos y la cornisa,
que el sol se pierde en la prisa
de este día y sus despojos,
que entre puertas y cerrojos
cuelga en la pared la sombra,
que vuelve la noche alfombra
que se desliza a tu paso,
que bebe en la sed de un vaso,
Carilda, todo te nombra.

La partida de Carilda

[...] y soy la que antes era, la de después de ahora;
la misma soñolienta mujer hecha de nada.
CARILDA

Has partido Carilda, ya se te llevan muerta,
has dejado tus trajes, tus versos laureados,
sonetos en cadena que hicieras bien peinados
hermana Vasconcelos, ya cruzas otra puerta.

Es la puerta de luz, amanecida y cierta,
la puerta giratoria ya todos preparados,
coro de serafines te cantarán alados
asidos a la verja de tu ventana abierta.

Hoy, todos los cubanos te llorarán, heridos
tu obra memorable y amorosa nos lleva
a alcanzar ese espacio tan sideral, en llamas.

Hija de las estrellas, los poetas lloramos
tu Museo se queda cartujo de belleza
yermo, yerto sin ti, tu corazón en flamas.

Imágenes con aroma
(*Carilda, palabra y flor*, pie forzado de Ernesto R. del Valle)

[...] pues soy una criatura ajena a compromisos
y temo por mis alas que sí saben volar.
CARILDA

Imágenes con aroma
supiste tejer, Carilda.
Tu visión aguda tilda
la gratitud que se asoma.
Serás la eterna paloma
que ha de volar con valor.
En el jardín del AMOR
oirás a cada segundo:
son tu Matanzas y el mundo
Carilda, palabra y flor.

Glosa a Carilda

Amado: cuando ya duerma,
Cuídame tu mano mala:
Siempre supe que es un ala
Que aquí en la tierra se enferma.
CARILDA

Quiero verte en la aurora
y que en la bruma me beses,
acunarme en tus reveses
y sentir a cada hora
esta paz consoladora:
toda mi albura en tu esperma
y que esta, mi tierra yerma,
al final deje de serlo
para que tú puedas verlo,
amado, cuando yo duerma.

Y dormiré en tu regazo
para soñar con tus besos,
tus caricias, y con esos
susurros y con tu abrazo.
No, amor, no me hagas caso,
no sé volar sin mi ala,
mejor me quedo en la sala
para cuidar de nosotros
y antes de que lleguen otros,
cuídame tu mano mala.

La mano que siempre loca
acarició mi inocencia
y derramó su presencia
en mis senos, en mi boca,
que hace tierno lo que toca,
que mi demencia hala
y que casi como bala
se adentró en todo mi ser.
Pero he de reconocer:
siempre supe que es un ala.

Ala que cuida mi aliento,
mi ilusión desvanecida,
mis recuerdos y mi vida,
y que en cada nuevo intento
perdona lo que yo siento.
Y discúlpame que duerma,
siento que mi aliento merma,
deja salir mi alma pura
pues en el cosmos se cura,
que aquí en la tierra se enferma.

> *Sus besos eran balas que yo enseñé a volar.*
> CARILDA

Una mujer escribe este poema

Carilda
Se me ha perdido un hombre

Hace un año que busco la forma de mi amado...

Hombre que me servisteis de verano
Por el mundo camino entre los rostros...
Callados por la tarde, gravemente

Con desdén y oro
Me desordeno, amor, me desordeno
A la esperanza vuelvo, a la madera...

El beso
     El lirio
         El mar
            El silencio
En una carta donde digo: amado...
En vez de lágrima
Muchacho
Esta memoria

Guárdame el tiempo
La rosa que cortamos
     La tierra
         La lágrima

Para el novio
Que yo era una mentira de la luna
     Error de magia
Te mando ahora a que lo olvides todo...
Pero jamás me pidas la tristeza guardada...

Amor, ¿cómo es que vienes?
De paso por el sueño
Anoche
Jueves
Dejadme dar la vuelta

Desnudo y para siempre
Cuando te desnudas
Está bien
Muchacho loco: cuando me miras...
No sé cómo diablos te insulta la amapola...

Busco una enfermedad que no me acabe...
Que mueras primero, amor

[Poema escrito utilizando solamente títulos de poemas (o el primer verso, en el caso de no tener título) de Carilda Oliver Labra]

Homenaje a Carilda

Triste nudo fatal, incendio hundido
que voltea su llama hasta mi boca.
CARILDA

Enigma es el amor, inmensa llama
flagela los sentidos con su brisa.
Carilda es el amor y lleva prisa;
su estirpe voluptuosa la reclama.

Transfigurada, bella, amor proclama
desde un loto de luz que el viento frisa
en labios de Afrodita su sonrisa
es néctar del Olimpo, se derrama.

En este mar de amor, loada seas,
Carilda enamorada cuando leas
en la espuma Citerea tus abriles.

¡Oh diosa del Olimpo entre manzanos,
y al sur de tu garganta los veranos
aromando el amor en tus candiles!

Disfraces

Mañana bajaré de tanta nube,
miserable, carnal.
CARILDA

Miente la nube al sol de la mañana
En la redondez del silencio vibra un pájaro
Busco la verdad en mi librero
Falsean quienes dicen que te has muerto
Juegas a la niña y sus disfraces
Te desordenas
Yo te encuentro infinita entre metáforas
Aparición que crece
A siglos de ayer con la frente alba
Gotea la nube   se deshace
Próxima al mediodía en la fiebre de tu verso.

Mujer que alumbras el día

[...] una mujer escribe este poema
como quien ha perdido el tiempo para siempre [...].
CARILDA

mujer que alumbras el día
con tus ojos marineros
mujer si fueras febrero
por ti el año empezaría

hembra que tienes los labios
como una granada herida
mujer se me va la vida
cuando pasas a mi lado

mujer tú eres suave sueño
que dulcifica la noche
y cuando te abres el broche
por tus curvas me despeño

mujer que traes armonía
no me escondas tu sonrisa
no te vayas tan de prisa
que queda sin luz el día

mujer que eres tanto y tanto
dicha semilla universo
pan aire luz y verso
mujer quédate en mi canto

Espacio

Entera la sonrisa, el alma casi rota.
CARILDA

Matanzas, voy a llorar
por la novia que perdiste.
Carilda, que te nos fuiste
y te pudiste volar.
Hoy Tirry te va a extrañar
como luz desordenada
y tus versos en cascada
van revolviendo el espacio
de amor tuyo, sin prefacio
que se esfumó hacia la nada.

Tus versos fueron de enero,
hijos de abril y de mayo
tus versos sienten el rayo
despertando al aguacero.
No hay poemas verdaderos
como tu misma sonrisa
que no te arrope la brisa
que no acompañe tu encanto,
y ¿por qué te admiro tanto
mujer-amor, poetisa?

Al sur de tu voz

Yo no guardaré conmigo ningún poco de patria:
la quiero toda
sobre mi tumba.
CARILDA

Matanzas conoce espejos
donde repetir un hombre
para que el tiempo lo nombre
cerca del amor y lejos.
Porque jóvenes y viejos
hagan con sangre un empate
de recuerdos, el quilate
de una rubia señorita
rastrilla la voz y grita:
ya la alegría combate.

Anda en una divorciada
un murmullo de retratos,
entre agradecidos gatos
la vida es una Calzada.
Va triste y enamorada
de su verde y su pecado,
lleva un piropo extraviado
en la mirada que cruza,
y debajo de la blusa
el seno desordenado.

No te has ido

Luego se me tupe la pluma con esta lágrima.
CARILDA

Tú no te has ido, Carilda, poeta eterna,
solo tus huesos y tu piel ahora descansan.
Tu espíritu inmortal alumbrará caminos
por los valles y los mares de Matanzas.
Tus fulgores por la playa se esparcen
y tus poemas nos encienden las mañanas.
Princesa de pluma enardecida,
mujer en cuerpo y alma enamorada,
no solo te llora la bahía.

Carilda

Mi espejo, mi mañana, mi muchacho con nubes:
estás aquí hasta siempre; desde la tierra subes.
CARILDA

Carilda Oliver Labra, yo te quiero
por tu fiera tristeza y tu ventana.
Tú eres ayer de hoy, siempre mañana;
por tu retar al mundo te prefiero.

Desaparece el polvo con tu estilo,
tu erótico ademán de darte entera,
tu rabia, tu sonrisa y tu manera
de amanecer tan otra como en vilo.

Hasta ti voy por la calzada lenta
a tu casa de azoro y «mujer» mala,
a tu tiempo de novia y de soñar.

Y te canto en Matanzas, irredenta,
me voy con Milanés desde tu ala,
a carildear, poeta, a carildear.

Nos desordena tu partida

*Pasaron tantas cosas
mientras yo me bebía la soledad a cucharadas...*
CARILDA

¿Qué puedo decir sobre tu marcha
o escape o quizás huida forzada
o partida más bien hasta obligada
por ese extenso tiempo en que viviste?
¿Qué puedo decir si ya te fuiste
al reino celestial organizado
por la mano divina de algún hado
que ahora tal vez desorganices
en esa manía de desordenar
lo que ya existe?
¿Qué te puedo decir de un alma rota
si desde mucho antes lo dijiste
en un bello poema donde anotas
una breve lista de tus cosas
hasta un novio lejano como el mar
si aun así tienes ganas de llorar?
Conocedora de lamentos y de risas,
dolores, tristezas y de críticas,
tal vez de soledades aunque pienso
que lo disimulabas con sonrisas.
de tu sabia pasión de enamorada

en cada mujer dejas el sello
de un intenso desorden amoroso
en espera de ese beso delicioso
en la punta del seno, demorada.

Un nuevo faro

Ahora no pueden asustarme con los truenos
porque la luz me alza.
CARILDA

Al universo le faltaba un punto
que no pudo llenar la fantasía;
una gran hondonada tan vacía
que jamás ocupó ningún difunto.

Ha quedado resuelto tal asunto
y podemos creer en quien se fía
que podemos honrar la poesía
y nada menoscabe su conjunto.

En las noches, Carilda Oliver Labra
en los juncos crecidos en el Abra,
infinito de luz, su barco enjunca...

contempla su bahía en el amparo
del ingente fulgor de un nuevo faro
¡que no veremos apagarse nunca!

A Carilda

Trasiego audaz, mandato de la estrella
(cuando te llevo aquí casi soy bella): [...].
                                    CARILDA

Para cantarle a esa diosa
que «Carilda» el eco llama,
mi canción es una gama
de miel, de lirio y de rosa.
Toda Cuba está celosa
si le decimos que es bella,
y si miramos su estrella
no se sabe en el hechizo,
«si ella de la estrella se hizo
o la estrella se hizo de ella».

Para verla como el sol
llega a celebrarle el día,
yo he paseado su bahía
como un simple caracol.
Le he robado al arrebol
los más líricos detalles,
y pinté todas las calles
de verde tierno: floresta...
¡esta noche está de fiesta
Matanzas desde Versalles!

Adiós, Carilda Oliver Labra

Un corazón que nubla sus señales,
una mirada azul velando rosas, [...].
CARILDA

No basta con decirte adiós y llorar...
El dolor nos revienta la piel
y nos consuela con estruendos
silbidos de mariposas.
Te nos vas Carilda, en breves fragmentos
de lluvia,
como aquella rosa desnuda que las fuentes
de luz petrifica.
Te vas con liviano equipaje, porque la isla se ha
apropiado de tu testamento:
Nos dejas la alta poesía, tus alas de ángel,
El aroma inconfundible de las azucenas.
Te vas Carilda, dejando desordenada nuestra
naturaleza inmerecida de mortales.
Ahora que has tocado la cumbre con tus manos
y moras en el altar de la vida eterna.
Bienaventurada seas, ¡oh Carilda!
¡Bendita tú eres entre todas las poetisas!

Carilda

> *Por poderosa sangre voy llamada*
> *a un latido constante de temblores.*
> CARILDA

Cantábamos
el *tiempo de la herida y la azucena*
nos respiraron las migajas
el tiempo roto de la Isla
y de la muerte.
Cuántas palabras vivas
que pascua abierta era el amor
en su desorden
la fábula perenne de la noche
altisonante
al hombre cantamos
a la fruta incierta de sus voces
a su plagiario corazón
minándonos el sol /la sed
la maravilla.
Cantábamos la luz
la soledad en su abierta raíz
ingobernable
bajo el puñado de sombras
al unísono
cantábamos el sueño
y la esperanza.

Adiós a Carilda Oliver Labra

[...] y cuando abro los ojos
al despertarme
es como si me hubiese caído de la tierra.
CARILDA

El cristal de tus ojos, azul cielo,
lo cerraste detrás de sacro monte;
tu espíritu voló como el sinsonte
buscando sin demora el arroyuelo.

Los adioses se elevan sin desvelo
por la línea que marca el horizonte
y deja que el destino nuevo afronte
con natural estilo su audaz vuelo.

Sobre el lomo con alas de Pegaso
nos dejaste «A la una de la tarde»
para ser el lucero del Parnaso.

El corazón de musa que bien arde
en la orilla del mar junto el ocaso
«Siete noches Carilda» ¡Dios te aguarde!

Segundo poema a Carilda

Así no ha de caer la luna
ni tendrás que morirte en la mañana [...].
CARILDA

Virgen matrona de Matanzas
(porque desordenas su bahía),
abeja reina del panal del Amor
y sus antípodas,
dueña del polen y de las mariposas,
loto del San Juan,
geisha del Canímar;
cuatro ríos-hombres gimen cada anochecer
bajo tus riendas finas,
aguardando el azogue de coral
que espejeará nuestra herradura,
para recibir a la puta ordenada de la luna,
que te seguirá alumbrando pura,
en este, tu anfiteatro personal,
cuna del danzón y de tus rimas.

Incredulidad

[...] que se vuelve de polvo el borde de la estrella,
y voy al cementerio sin una margarita, [...].
                                                CARILDA

¿Se ha roto la Monarca? ¡No es posible!
Los arquetipos nobles nunca mueren:
las fechas implacables solo hieren
el rastro del venero inextinguible.

Ya no se escucha el verso inconfundible
que los rosales lánguidos prefieren...
(tal vez callen las flores porque quieren
dar paso al ramillete inmarcesible).

La barca de Afrodita aún navega...
Dormida está: jamás muda ni ciega.
¡No puede haber salido del portal!

¿Acaso no la ven? ¡Allí esta ella:
detrás de cada gato y cada estrella!
¡Carilda de mi Cuba, es inmortal!

Olor

[...] hombres que me servisteis de verano.
CARILDA

Hombres que me sirvieron de morada:
alguien que soñé siempre o me soñó,
uno que tuvo todo y me dio nada,
quien me dijo no, o le dije no.

Él, que para negarme me quería;
aquel, que todavía me reclama;
ese, que de tan suya me hizo mía;
este, que amo hoy y que hoy me ama.

Todos son míos y yo soy de todos
pues los gocé y sufrí y aunque no quiera,
su esencia está en mi alma entretejida.

Gracias a Ustedes, de distintos modos
crecí en dolor-amor y cuando muera
he de llevar: este Olor a Vida.

Breve retrato de Carilda Oliver Labra

> *[...] ¿a quién le doy tantas caricias*
> *que sobraron,*
> *aquellas que olvidé ponerte sobre el pecho?*
> CARILDA

La tierra no pudo absorber la energía
de su espíritu henchido por los versos
que pulula sobre todos los confines del mundo.
La calle, una cascada donde
sus ojos se le antojan al amor
con el verbo dispuesto, siempre dispuesto
para enunciar elogios y desorden
para embestir caricias a los enamorados.
Solo pude verla en los páramos ecuestres
cual estatua perfecta del mambí.
La tierra no pudo absorber la energía
porque hay flores que no marchitan,
la poesía no envejece
y el tiempo, su tiempo, que no es tiempo ni pasado
ni palabra muerta ni agonía ni dolor
su tiempo eterno entre los clásicos
porque en ningún cementerio podrá descansar
la energía en torbellino del poema
que nos besa con la boca arrodillada
y nos tienta libertinos sin promesas
como aves en vuelo, almas errantes,

simples mortales sin ambiciones de gloria,
sin compromisos, sin plegar las alas,
sin tabúes sabemos que:
¡Esta Mujer ha muerto de dichosa!

Busco una enfermedad que no me acabe
sino el dolor constante de la vida:
algo para fingir que estoy dormida
detrás de este temblor de escarcha grave.
CARILDA

Carilda ha partido ayer de la Calzada de Tirry, de Matanzas, de la patria que, en su decir, es tanto que no puede resumir la poesía, para existir en ese otro espacio hasta donde no puede llegar la muerte. Y de momento creo que te has ido feliz, recordada por tantos y amada por tu inseparable Raidel, a quien desde la distancia abrazo. Hace muchos años disfrutando un café, me dijiste que lo que más te gustaba era que te quisieran, hoy ese logro está en su máximo esplendor en el corazón de tantos cubanos. Tu viaje será solo un vuelo, hermosa paloma matancera.

Al sur de mi garganta
(Parafraseando a Carilda)

Pero soy todo el blanco que se acaba,
y no me porto bien con la alegría
por lo que traigo al sur de mi garganta.
CARILDA

Como caudal de aluviones
fue tu inmensa poesía,
Carilda, tu melodía
llena al mundo de adicciones.
Tus versos, cantos, pasiones
toda erótica y cortante,
tu pluma fue desafiante
de paloma enamorada,
tal vez ya desordenada
en la lira de tu amante...

Carilda, pluma de oro
como una fruta madura,
como de espuma segura
en tus versos tu decoro.
Colores al tocororo
tú, cual río matancero,
Carilda, tú de aguacero
y corazón encendido,
Carilda, tú no te has ido
eres tiempo de avispero.

Serán tus versos de goces
en sembradíos de encanto,
mis ojos llenos de llanto
releen tus tiernas voces.
Eres palmar, de mis roces
jilguero en alguna planta,
dulce rima que amamanta
a verdes cañaverales,
y de un pomar que a raudales
queda al sur de mi garganta.

Quedan ganas

Está sin sábanas el lecho,
en un sillón florece el frío.
CARILDA

Quedan muchas ganas para esta piel
Sueños que deshojar en margaritas
Deseos que derrame pura miel
Noches de estrellas y amor infinitas.

Quedan atardeceres por vivir
Espasmos ahogados y silenciosos
Pasiones ardorosas por sentir
Besos exóticos y deliciosos.

Quedan sábanas por humedecer
Cielos alucinantes por abrir
Anocheceres por estremecer
Una fuerte cintura para asir.

Quedan leyes, normas por quebrantar
Historias excitantes que escribir
Labios interesantes por besar
Unos dedos en los que sucumbir.

Quedan miles gemidos que morder.
Fantasías para desinhibir

Placeres que me hagan enloquecer
Muchos éxtasis en los que morir.

Tu boca

De entre la multitud llegó tu boca
Con labios únicos ¡divinos besos!
¡Deliciosos! Pero de los perversos
que en su dulce humedad morir provoca.

Besarla suavemente se me antoja
Morderla como fruta bien madura
Vivir mientras la vida en ella dura
Morir si a mi boca un día no acoja.

Apenada por mi evidente gula
aparento que todo está en control
es cuando tu boca como un crisol
guardando la mía mi intención anula.

Violeta de pistilos azules

¿Cómo es posible
que me dejes pasar sin compromiso con el fuego?
CARILDA

Has visto cómo se desangran los puentes
cómo se pudre el horizonte.
Has asaltado sombras
bebido silencio de fantasmas.
Has mordido tu vientre, precipicios
y echado a caminar las puertas los espejos.
¿Cómo cabalgas la dulzura en el tigre?
¿Cómo te navegan en los labios pececillos rojos
tanto eco de mareas?
Tus versos tienen resonancia de campanas
rostros, fuegos inapagables
donde los bosques son piras que convergen.
¡Ah, violeta de pistilos azules!
¡No te calles!
Todos escuchan... escuchan.

Santo y seña

¿Fue una cita final o fue un aroma
que me sigue cuidando las entrañas?
CARILDA

Esta Carilda tan desordenada
cuando al beso le da su seno ardiente,
y sin querer, de pronto, de repente,
es una diosa en vuelo, desnudada.

Esta que incita al trino a ser cascada
cuando al santo la seña lo consiente,
y permite que un láser imprudente
le traspase la carne demorada.

Es tallo de semilla visionaria,
garra de alondra revolucionaria
y amiga del fulgor de los aromas.

Ignora pentagramas, pero canta
en el fusil, la espiga y la garganta
y en el vuelo de todas las palomas.

Carilda en palabra y flor
(Versos palíndromos)

Me desordeno, amor, me desordeno [...].
CARILDA

Se nos va la flor y la palabra
ya dormida, la hembra del amor.
Es verso en Carilda Oliver Labra...
silencios en pétalos de flor.
Viene un ojo de mirada verde
a conciliar un sueño de ave rota,
esquirla de luz que llega y muerde
un afán desnudo de gaviota.
Desordena en lirios sus mañanas
el jardín erótico y bravío,
un clamor de luz en las ventanas
y un cantar del ave más sombrío.

Un cantar del ave más sombrío
y un clamor de luz en las ventanas.
El jardín erótico y bravío.
desordena en lirios sus mañanas
Un afán desnudo de gaviota.
Esquirla de luz que llega y muerde,
a conciliar un sueño de ave rota
viene un ojo de mirada verde.

Silencio en pétalos de flor
es verso en Carilda Oliver Labra.
Ya dormida, la hembra del amor,
se nos va la flor y la palabra.

Jardín de Tirry 81

Traigo el cabello rubio; de noche se me riza.
CARILDA

Se escucha un violín. Ella está sentada.
Falda a medio muslo. Mirada triste.
Lo que está pensando, lo que le embiste
quedó como ceniza entre la almohada.

Se va agotando el sol entre las flores.
Un fauno custodia su sonrisa.
bajo la falda un aguijón de brisa
hinca la piel subiendo sus rubores.

Sigue el violín y sigue pensativa.
Muerden las sombras esa magia viva
de verde mirada que la hace urgente.

Despeina el pelo rubio y, en la boca
una expresión de magia la convoca
a ese beso desnudo e inocente.

Caríldame ese beso

Adiós, verde placer, falso delito;
adiós, sin una queja, sin un grito.
Adiós, mi sueño nunca abandonado.
                                    CARILDA

Caríldame ese beso fugado tras las sombras,
que las miradas verdes se van por la bahía,
que en Tirry ochenta y uno se empolvan las alfombras.
Matanzas te recuerda de orégano y poesía.

Al sur de la garganta tu partida nos duele.
Mariposa inocente, que el viento no se encele
por tus alas perdidas como un canario preso.

Ahora donde estés Carilda Oliver Labra
con tus cabellos canos se enrubia la palabra.
En hora de geranios, caríldame ese beso.

A Carilda

Y *estaremos las noches que le falten al tiempo [...].*
CARILDA

Mujer de noches largas,
de versos y estrofas compartidas,
ardiente como el sol de julio que te trajo
y como el sol de agosto en que te has ido.

En el desordenado verso estás presente
con memoria y cuerpo toda eterna
te empeñas en callar tu prosa y verso
pero el sur de tu garganta permanece.

No vamos a escribirte en tierra dura
ni aceptar que te hagas la dormida
no te irás en gracia y desventura
no te marches sonriendo, eres vida.

Retorno

Encuentro ángeles sucios saliendo en la ceniza.
CARILDA

Yo soy el ángel
sucio que te asalta
saliendo del sepulcro... hecho ceniza,
y soy ese furor que cauteriza
el cuerpo que perdiste y que te falta.

De tu vestido de ceniza salta
este sucio de tumba sin divisa:
un pan tierno de octubre que se triza
al sur de tu garganta firme y alta.

Revivo en tu memoria. Por tu grito
que entre sombras me invoca, ¡resucito
desbrozando la muerte con afrenta!

Desaparece el polvo. Tras tu risa
soy el ángel que viene de ceniza
A ceñir en tus sienes los noventa.

Dualidades

[...] verás que ya no soy un milagro ardido:
que yo era una mentira de la luna.
CARILDA

Después de todo,
queda el dios detrás de su máscara,
el sortilegio, las invocaciones
que serán consuelo
o un dolor de muertes íntimas.

Después de todo,
sigo alimentando mi entelequia,
aunque sé que los caminos
ya no pueden conducirme a ningún sitio,
que todos se anulan,
que me pierdo
sin entender la dualidad de ser Isla y Navío.

No sé cómo admitir lo perdurable
sin temer lo pasajero de la estancia.
Cómo pernoctar en mí misma.

Arriba del tiempo

Yo no guardaré conmigo ningún poco de patria:
la quiero toda
sobre mi tumba.
CARILDA

Ha viajado por gracia tu voz arriba del tiempo;
visitó primero el paisaje lírico de otros cielos
con la rapidez que abajo roza el ser la vida.

Duele la tarde, pues se ha llevado a dormir tus versos;
es dolor de soledad de unos dedos quietos
que encendieron en la sombra ayer tu tempestad de gloria.

Mas se ha perfeccionado tu voz arriba del tiempo,
la tempestad de gloria tu patria entera alumbra,
la humildad del barro te incline como ante Dios lo hermoso.

Antojo

No sé cómo diablos te insulta la amapola, [...].
CARILDA

A veces, se te antoja un amor
una mañana fresca
junto a un gran ventanal
con el estómago vacío
Y los ojos hambrientos
de miradas azules.

Te pintan amapolas
las alas de los pájaros
y una tinta de viejas cuitas
destiñe tus lágrimas
Miras desde el color
del tiempo las imágenes.

Aquel amor te dolió
hasta los huesos. Y el otro,
el que tocó tu alma,
el que dejaste ir...
Todos fueron iguales
a su modo. Imperfectos.

Amores como el trigo
del pan recién horneado

Y ese olor a verano
rodeando tu cintura.

La almohada compartida
la ausencia prolongada
Y el silencio del beso
recorriendo tu espalda.

Te dejaron heridas, sexo, risas,
alguna foto, una camisa a cuadros
un cenicero roto.

El aroma a café
embriaga tus sentidos.

A veces, se te antoja un amor
una mañana fresca
junto a un gran ventanal.
Mientras la brisa juega
con tus alas de sueños
en la vereda.

Sangre al sur

> *Desde entonces tengo miedo.*
> CARILDA

Sangre al sur de otro sueño desteñido
en sábanas de noche sin frontera.
La espuma de sus ojos abre un ruido
de pétalo de sol a cada ojera.
Sobre su piel de asidua primavera
el agua transfigura lo llovido,
cosiendo y descosiendo en su vestido
el susto de encontrarla fuego afuera.
Un temblor de felinos le estremece
los juncos de la carne bien vivida,
engranada a la luz que la obedece.
Se entrecruzan rumores en sus senos,
donde en alas de punta va la vida
azorando la lengua de los truenos.

A Carilda

Me lo aprendí una noche de azul lento,
[...] sonámbula oficial del firmamento.
CARILDA

Se tornó gris la bahía
De Matanzas, tan hermosa
Porque Carilda reposa
Desde ahora en otra vía.
Se quedan sus poesías,
Sus versos, su sentimiento,
Que los va llevando el viento
Como eterna sinfonía.
Se nos apagó una estrella
Hoy brilla en el firmamento
Y allá estarán contentos
Los angelitos con ella.

Evocación y permanencia

[...] y ser de flor, de lluvia, de mariposa buena,
semejante a este cielo cuidado por la brisa, [...].
CARILDA

Llegó de otra galaxia, alondra, vuelo,
desde el polen solar de las estrellas
y siguieron las musas tras sus huellas
entre ríos de místico desvelo.

Echó a volar la diosa su pañuelo,
la más bella entre todas las doncellas,
Carilda del amor, de las querellas
en leyendas de mar, de valle y cielo.

Todo en ella es fulgor, hasta sus ojos,
le brotan los sonetos en manojos.
No intentes encontrarla en sitio alguno

que no sea en su Templo a cielo abierto,
allí está su velero, está su puerto
en Calzada de Tirry ochenta y uno.

(¡Qué trastorno hace aquí si te recuerdo,
qué venas tengo nuevas si me ayudas
a duplicar el alba
otra vez en mi frente!)
CARILDA

Tuve la dicha de conocer a Carilda y compartir con ella toda una enriquecedora charla de vida y amor. Fue en los 90, en casa de mi amada Norma Niurka, en compañía de mi buen amigo Agustín Tamargo. Ella de visita en Miami, derrochó sabiduría y buen humor. Se habló de todo, con sinceridad y sin demagogias. Era una mujer honesta, franca y llena de luz. Recuerdo su simpática definición de los amores, «el que se siente en la juventud sin ver los defectos. El que se siente en la madurez, a pesar de los defectos. Y el de la vejez, que se siente —según decía—, gracias a los defectos».

La tertulia íntima entre nosotros cuatro fue posible por la profunda amistad entre Tamargo y ella. Él discutiendo conmigo, lo hacíamos a menudo, que «el mejor cantante cubano de todos los tiempos era Panchito Rizet», jajajajajaja. Era tal la pasión de su argumento que lo dejé por incorregible y permití que relegara al Beny, a Miguelito Valdés, a Albuerne y a muchos más. Nos reímos toda la noche y, por supuesto, hablamos de Matanzas, de su Matanzas adorada. Se evitó lo desagradable. Había demasiado amor en el ambiente. Entendí esa noche la devoción que sentía por ella la gente joven. Siempre lo fue aún pasando sus noventaitantos años. Descanse en paz la gran poeta erótica de Cuba. Matanzas y toda Cuba, la sensible y extraordinaria, está de luto.

Yo brindo desde el Sur con un Malbec por su recuerdo vivo, con la alegría de aquel encuentro. Ya ni ella, ni Tamargo, ni tampoco Norma están en esta dimensión. Pero yo los llevo en mi frente y en mi corazón. Gracias por tanta pasión. Y, ¡qué viva la VIDA!

Siempre vas a ser así

Y así me marcho, sonriendo a todos, [...].
CARILDA

Hoy todo Matanzas llora
Ante recuerdos vividos
Por tantos versos sentidos
En tu voz encantadora.
Dulzura acariciadora
Y sonrisa almibarada,
Cuando hablando con tu almohada
Llorabas penas de amor,
Y salía de tu interior
La inspiración perfumada.

No te fuiste matancera
Que adornabas la palabra.
Tu apellido Oliver Labra
Es estandarte y bandera.
Abogada y justiciera
Diste a tu nombre valía
Y aquel, que te conocía
Puede validar tus hechos,
Al defender los derechos
Que tu estilo defendía.

Aún se sienten alabanzas
Carilda por tu soñar
Y tu sensitivo andar
Por las calles de Matanzas.
Cuántos sueños y esperanzas
En el momento oportuno,
Sin que se olvide ninguno
De tantos admiradores,
De los versos y las flores
Que hay en Tirry 81.

No solo amor y maldad
Dormitaban junto a ti,
De tu picardía aprendí
A conocer tu verdad
Soñabas felicidad
Por tanto amor repartido
En el verso desmedido
Que te adornaba la voz
¡y esa sonrisa precoz
tan sonora en cada oído!

Premios, reconocimientos...
Dentro de tu patria y fuera.
No es posible que alguien muera
con tantos emolumentos.
Patrióticos sentimientos
te saben reconocer
fuiste para ser mujer
sentimental y amorosa

vivirás en cada cosa
grande que hiciste ayer

Seguirá tu verso fuerte
contoneándose en la calle,
y crecerá de tu talle
suave, como supo hacerte.
Aquí nadie habla de muerte
cuando se refiere a ti.
Y, cuando a Matanzas fui
solo a conversar contigo
repartías pan y trigo.
Siempre vas a ser así.

Pensar

[...] y que yo, por poeta, lo consiento
CARILDA

...Mas este pensar de amor convocado,
si sumiso te nombrase violento,
(en la luz del mirar, por un momento,
ardería mi pecho sofocado)

¿Se pudiera llamar acaudalado,
dulce amor, que mato y alimento?
Si lo guardo, al callar el sentimiento,
¿entendería el deshojar cansado?

Este pensar colmado, muere lento,
(aunque nunca milagro desatado)
mientas yo lo haga mío, lo consiento.

Cuerdo, loco al mirar enajenado...
este pensar, de pronto me arrepiento,
sueña feliz, su andar enamorado.

Esa boca

Esa boca [...]
con su hambre de amor, totalitaria; [...].
CARILDA

Esa boca, temor del que disfruto,
tan dócil y fiera al dominio anclada,
me despierta sutil la madrugada,
danza del beso adicto de su fruto.

Danza del beso adicto de su fruto,
mientras la savia vuelca derramada,
en la sed de mi pelvis gobernada,
vuelo de paz, me llega en su tributo.

Como imagen de virgen asustada,
renazco ansias de loca enamorada,
vuelta milagro del deseo bruto.

Esa boca temor del que disfruto,
pierdo en el juego, cual niña extasiada...
danza del beso adicto de su fruto.

Hoy

Guárdame el tiempo,
guárdamelo.
CARILDA

Hoy... Otra vez, volví a sacar tu imagen desempolvada
/de entreversos...
Mi pecho se abrió de par en par,
y volaron los suspiros,
tu risa se llenó de carcajadas.
Sentí el imán de tu esplendor,
encontré nuestros poemas entre pétalos de rosas,
tus fotos y las mías mezcladas en los recuerdos y
te miré atento verme sonrojar.
Hoy... De nuevo viajé en el tiempo...
Te escuché tararear nuestra melodía.
Me sentí arropada con tu piel curtida,
mientras tus besos me despiertan el rostro y
terminan apasionados en mi boca.
Hoy... Soy una vez más, la esclava de tus deseos,
de esos que ocultas y no le cuentas a nadie.
Me siento la reina absoluta del amor y su misterio
donde la barrera invisible me hace invencible,
náufraga en tus profundas costas,
con la brújula que apunta la espera.
Eres, el sentimiento infinito que me arrastra al abismo,
el amor que nace para siempre.

Hoy... Te volvería a escoger.
¿Por qué mi pasado vuelve a ser presente?
¿Por qué el futuro solo habla de ti?
¿Acaso el amor sabe de razones?
Por eso te pido amor,
guárdame el tiempo, guárdamelo.

Índice

Made in the USA
Columbia, SC
07 August 2022

64379205R00049